VENTE DU SAMEDI 11 MAI 1912

HOTEL DROUOT, Salle N° 8, à 4 h. 1/2 précises

## EXPOSITION LE MÊME JOUR

**AVANT LA VENTE**

DE 1 HEURE 1/2 A 4 HEURES 1/2

CATALOGUE

DES

# OBJETS D'ART

## DU XVIII\u1d49 SIÈCLE

*TABLEAUX, DESSINS, GRAVURES*

PORCELAINES ET FAIENCES

Objets variés

## BRONZES D'AMEUBLEMENT

*PENDULE ET FLAMBEAUX LOUIS XVI*

### Aiguière en vieux Chine montée en bronze Louis XV

MEUBLES

## TAPISSERIES ANCIENNES

COMMISSAIRES-PRISEURS

**Mᵉ FÉLIX ALBINET** | **Mᵉ ALBERT LE RICQUE**
24, rue d'Aumale | , 51, rue du Rocher

EXPERTS

**MM. PAULME ET B. LASQUIN FILS**
10, rue Chauchat | PARIS | 11, rue Grange-Batelière

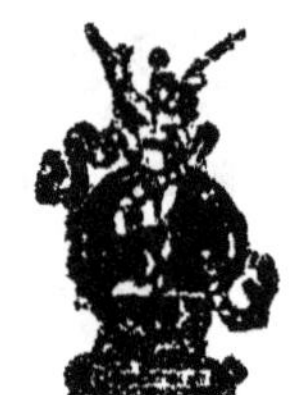

# CONDITIONS DE LA VENTE

Elle sera faite au comptant.

Les adjudicataires paieront *dix pour cent* en sus des enchères.

L'exposition mettant le public à même de se rendre compte de l'état et de la nature des objets, aucune réclamation ne sera admise une fois l'adjudication prononcée.

Paris. — Imp. de l'Art, Ch. Berger, 41, rue de la Victoire.

# DÉSIGNATION

## TABLEAUX ANCIENS

### ÉCOLE FRANÇAISE

*180*   1 — *Pastorale.*

### ÉCOLE HOLLANDAISE

*360*   2-3 — *Deux sujets de genre*, faisant pendants.

# DESSINS ANCIENS

## MONSIAU

4 — Deux dessins d'illustrations. Encadrés.


# GRAVURES ANCIENNES

## DAVESNE

5 — *Les Prunes.*

— *Les Cerises.*

> Deux gravures faisant pendants, imprimées en couleurs, avec marge. Encadrées.


## HUET (D'après J.-B.)

6 — *Le Charlatan,* par Bonnet.

> Très belle épreuve imprimée en couleurs. Sans marge. Encadrée.

# PORCELAINES ET FAIENCES

7 — Deux petites potiches et deux petits cornets en ancienne porcelaine de Chine, décorés en émaux de couleurs, de l'époque Kien-lung.

8 — Fontaine couverte, de forme mouvementée, en ancienne faïence du Midi, décor polychrome à fleurs.

9 — Deux confituriers, de forme cylindrique, en ancienne faïence de Moustiers, munis chacun de deux mascarons tenant lieu d'anses ; décor polychrome à lambrequin et arabesques avec armoirie timbrée d'une couronne. Marque d'*Olery* en jaune.

10 — Deux présentoirs oblongs, à bord contourné, de même ancienne faïence et faisant partie du même service que les deux pièces précédentes. Mêmes armoiries et marque d'*Olery*.

11 — Vase couvert, de forme ovoïde, à piédouche sur base carrée, col à gorge et muni de deux anses volutes feuillagées, en ancienne porcelaine de Furstenberg. Il est orné d'une guirlande en léger relief et décoré en couleurs et dorure de gerbes de fleurs et d'une bordure à quadrillé sur fond vert.

12-13 — Deux pots à pommade en ancienne porcelaine tendre de Mennecy-Villeroi, décorés en couleurs.

14 — Groupe en ancien biscuit de Niederviller : *Le Marchand de plaisir* (marque).

# OBJETS DIVERS

15 — Instrument de musique à cordes, en ivoire, avec archet.

16 — Deux peignes anciens en écaille brune décorée.

17 — Boîte à jetons en laque noire, décorée d'arabesques en dorure. Elle est ornée de médaillons en nacre gravée d'armoiries, ainsi que les jetons de même matière qu'elle renferme. xviii° siècle.

18 — Coffret à ouvrage en cèdre finement sculpté, décoré de paysages, pagodes et personnages. Il renferme des accessoires en ivoire. Travail chinois.

19 — Petite étagère, munie d'un plateau et de boîtes à compartiments, en ancienne laque d'or du Japon, à décor de paysages et oiseaux sur fond aventuriné. Elle renferme deux flacons en étain.

20 — Petit coffret rectangulaire en bois sculpté, décoré de rinceaux. Sur le couvercle, cartouche avec chiffre *N. S.* timbré d'une couronne. Ancien travail de Bagard, de Nancy.

21 — Montre-squelette en cuivre gravé, à mouvement apparent, enrichie de marcassite. xviii<sup>e</sup> siècle.

22 — Petite cafetière en argent, décorée de godrons obliques. xviii<sup>e</sup> siècle.

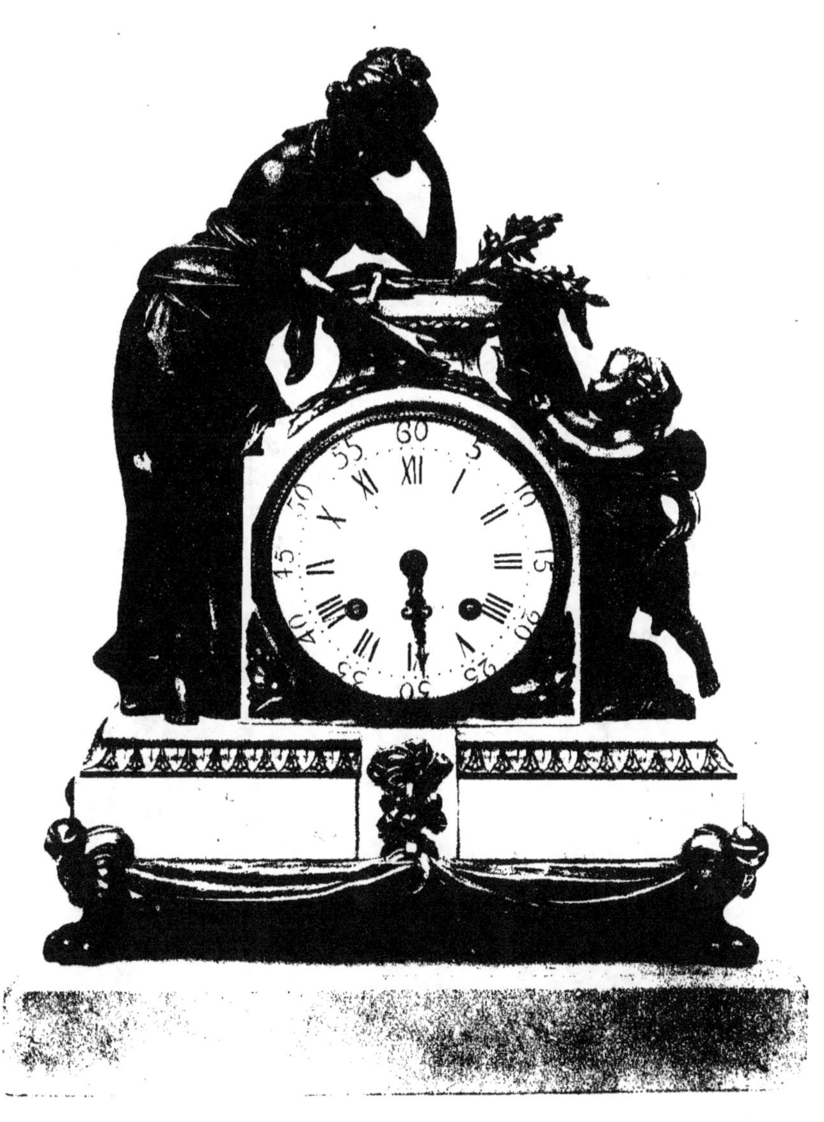

N° 23

# BRONZES D'AMEUBLEMENT

## VASE MONTÉ

23 — Pendule en marbre blanc et bronze très finement ciselé et doré à l'or moulu. Elle repré-
sente l'Amour et l'Amitié sous les figures d'une
jeune femme et d'un amour debout de chaque
côté du mouvement, dont le cadran est signé :
*Lepaute*. Socle et contre-socle ornés de bronzes.
Époque Louis XVI.

24 — Paire de grands flambeaux en bronze ciselé
et doré à tige-balustre, très richement ornés de
godrons, de canaux rudentés, de rangs de
feuilles, de perles et laurier. Époque Louis XVI.

25 — Aiguière faite d'un vase en ancien céladon de
la Chine gravé sous couverte, dans une mon-
ture de bronze finement ciselé et doré, com-
prenant une anse à double volute faite de feuillages, partant de la collerette à déversoir et
rejoignant la base à rocailles et feuillages. At-
tribuée à *Duplessis*. Époque Louis XV.

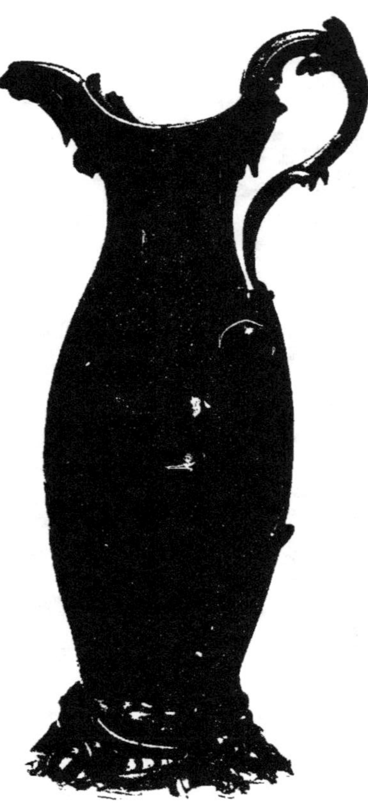

N° 24

N° 25

N° 24

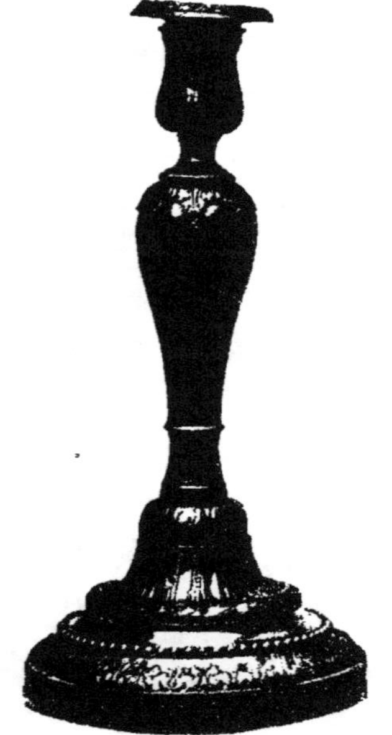

# MEUBLES

26 — Console droite à coins cintrés en bois sculpté
repeint blanc et redoré. Elle repose sur quatre
pieds fuselés à cannelures rudentées, reliés par
une traverse d'entrejambes portant en son mi-
lieu un vase. Décor de rinceaux, rosaces,
perles et rais-de-cœur. Dessus de marbre blanc.
Époque Louis XVI.

27 — Bureau Louis XV, en marqueterie de buis,
garni de bronzes.

# TAPISSERIES ANCIENNES

28 — Tapisserie-verdure d'Aubusson, du temps de
Louis XIV : Paysage avec grands arbres, habi-
tations et volatiles. Bordures sur trois côtés
(quelques morceaux rapportés et cousus dans
le haut).

29 — Tapisserie d'Aubusson, du temps de Louis
XIV : Verdure avec personnages, cavaliers, etc.
Bordure d'encadrement à fleurs.

30 — Pièce d'ancienne tapisserie au point.

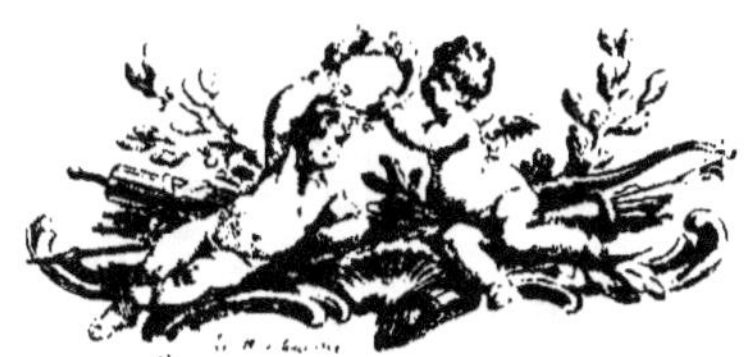